LE LIVRE DE RAISON

OU

L'INSTITUTION PRIMITIVE.

Liber scriptus proferetur,
In quo totum continetur,
Unde mundus judicetur.

Prose de la Messe du jour des Morts.

MARSEILLE.

LIBRAIRIE CAMOIN, RUE CANEBIÈRE, 4.

1855.

LE LIVRE DE RAISON

OU

L'INSTITUTION PRIMITIVE.

Liber scriptus proferetur,
In quo totum continetur,
Unde mundus judicetur.

Prose de la Messe du jour des Morts.

MARSEILLE.

LIBRAIRIE CAMOIN, RUE CANEBIÈRE, 1.

1855.

Marseille. — Typ. et Lith. Barlatier-Feissat et Demonchy, place Royale, 7 A.

PROLOGUE.

———⋈———

De l'aveu général, le Bilan de la situation se pose ainsi :

ON NE S'ENTEND PLUS.

Mais pourquoi ne s'entend on plus, et que faudrait-il faire pour recommencer à s'entendre? Voilà ce que jusqu'ici personne n'a pu dire.

Pour apercevoir la gravité de cette question, il suffit de se rendre compte des mots qui composent l'énoncé même du Bilan.

Le Bilan *On ne s'entend plus* a deux sens qu'il faut soigneusement distinguer. Il signifie d'abord , que l'homme ne s'entend plus avec lui-même. Il signifie ensuite, que les hommes ne s'entendent plus entr'eux ; ou, ce qui est la même chose, qu'un homme ne s'entend plus avec un autre homme.

L'homme ne s'entend plus avec lui-même, parce qu'il a perdu la connaissance du rapport qui existe entre le sujet et l'objet dans la conscience ; l'homme ne s'entend plus avec l'homme, parce qu'il a perdu la connaissance du rapport qui existe entre le sujet et l'objet dans l'espace.

Le rapport entre le sujet et l'objet dans la conscience, c'est la *Raison individuelle* ou la constitution de l'homme ; le rapport entre le sujet et l'objet dans l'espace, c'est la *Raison sociale* ou la constitution de la société.

Retrouver la *Raison individuelle* et la *Raison sociale*, voilà donc évidemment ce qu'il faudrait faire pour recommencer à s'entendre. Or, cela revient à retrouver la *Raison absolue* ou la constitution de la science.

Depuis les temps historiques, les penseurs réputés les plus éminents se sont dépensés en vains efforts pour déterminer la formule de la raison absolue ; ou, plus simplement, de la RAISON. On va voir que cette détermination dépendait de l'explication d'un monument qui était entre les mains de tout le monde et auquel personne ne s'était jamais avisé d'attribuer la moindre valeur scientifique. Ce monument porte cependant le nom de *Livre de Raison*.

PREMIÈRE PARTIE.

—

EXPOSITION DE L'INSTITUTION PRIMITIVE.

—∞—

L'Institution primitive est la constitution, une et triple à la fois, de la science, de l'homme et de la société. Elle se résume tout entière dans la **RAISON** représentée par la formule vivante D'A=A.

§ I. Constitution de la Science.

Quel que soit le sujet que l'on traite, on ne manque jamais, quand on veut arriver au fond des choses, d'être arrêté par un antagonisme que l'on ne sait comment concilier. C'est le doute et la croyance, le droit et le devoir, l'autorité et la liberté, la stabilité et le progrès, l'action et le contrôle, etc. Le problème de la science doit donc se poser ainsi :

Trouver la Compatibilité des extrêmes ?

Sa solution exige évidemment que l'on sache déterminer quels sont les deux extrêmes les plus compréhensifs. On conçoit qu'alors la synthèse qui les rendra compatibles, devra rendre compatibles aussi tous les autres extrêmes sans exception.

La thèse et l'antithèse de l'*Avoir* étant identiques à la thèse et à l'antithèse de l'*Être* (Esse, de esse ; habere, de habere ou debere) ; les deux extrêmes les plus compréhensifs sont nécessairement l'*Avoir* et le *Devoir*. Or, par *Avoir*, on ne peut entendre que la *passivité* d'une totalité posée ; et par *D'avoir* (Devoir, de avoir, d'avoir) que l'*activité* qui déposerait successivement toutes les parties de cette totalité. Il faut donc mettre *D'avoir* et *Avoir* sous la forme équationnelle *D'avoir* $=$ *Avoir*.

Quant à la synthèse de *D'avoir* $=$ *Avoir*, elle est nécessairement *S'avoir*, voix moyenne entre la voix passive *Avoir*, et la voix active *D'avoir*. En effet, *S'avoir*, en se posant d'abord passivement dans *Avoir*, puis activement dans *D'avoir*, fournit les deux moyens *Je* et *Me* (le sujet et l'objet) qui soutiennent ensemble le même rapport que les deux extrêmes *D'avoir* et *Avoir*, le rapport, un et double à la fois, de l'actif au passif et du passif à l'actif.

C'est la double égalité dans l'Unité ou la RAISON représentée par l'équation **D'A=A**.

Telle est la solution du problème de la *Compatibilité* (des extrêmes) ou de la *Comptabilité*, car ces deux mots, ayant les mêmes éléments constitutifs, sont linguistiquement synonymes.

§ II. Constitution de l'Homme.

Il existe donc un compte-courant entre le sujet et l'objet ou soit entre le moi et le moi-même :

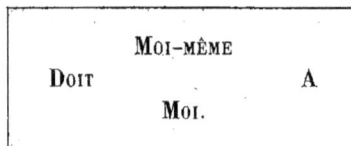

	MOI-MÊME	
DOIT		A
	MOI.	

Le moi voit le moi-même comme dans un miroir. La main

droite du moi est vis-à-vis la main gauche du moi-même ; et la main droite du moi-même est vis-à-vis la main gauche du moi. On conçoit, d'après cela, que si le moi et le moi-même étaient deux êtres différents, là où le moi lirait *Doit*, le moi-même lirait *A* ; là où le moi lirait *Moi-même,* le moi-même lirait *Moi* ; là enfin où le moi lirait *A*, le moi-même lirait *Doit*. Par suite, le débit donné par le moi au moi-même serait aussi le crédit donné par le moi-même au moi ; et le débit donné par le moi-même au moi serait aussi le crédit donné par le moi au moi-même. Mais ce dualisme n'est qu'apparent. En réalité, le moi et le moi-même ne font ensemble qu'un seul et même être. Ce n'est que par la faculté qu'il possède de se réfléchir, de se voir comme un objet, que le moi peut considérer le moi-même comme un tiers, et partant le débiter et le créditer.

La formule de ce compte-courant s'énonce ainsi : *Moi doit à moi-même* ; *et moi-même doit à moi.* Elle trouve sa sanction dans la conscience publique, car on dit : *Je dois à moi-même* (d'en agir ainsi) ce qui revient littéralement à *Moi doit à moi-même.* Or, *Moi doit à moi-même* a pour corrélatif nécessaire *Moi-même doit à moi.* Autrement, la formule ne serait point fermée ; elle n'énoncerait que la moitié de la réalité. La conscience ne nous envoie pas que des remords ; elle nous envoie aussi des satisfactions. Le remords, c'est le crédit donné par le moi au moi-même ; la satisfaction, c'est le débit donné au moi-même par le moi.

§ III. Constitution de la Société.

Maintenant, de ce que le moi n'arrive à la connaissance du moi-même qu'à la condition de le considérer comme un tiers, il suit que la Constitution de la Société ne saurait être autre

chose que la constitution de l'homme ou de la science. En effet, si l'on substitue, dans le compte-courant qui précède, aux mots *moi* et *moi-même* les mots *Gérant* et *Raisonnier*, on aura les deux fonctionnaires nécessaires de la Société.

Le Gérant est la position *active-passive* de la Société ; le Raisonnier, sa position *passive-active*. En d'autres termes, le Gérant représente la Société à titre de mandataire-mandant ; le Raisonnier, à titre de mandant-mandataire.

Principalement mandant, le Raisonnier A le droit d'entendre le compte que le Gérant, principalement mandataire, DOIT lui rendre de sa gestion. Subsidiairement mandataire, il DOIT rendre compte au Gérant, subsidiairement mandant, des motifs du jugement qu'il porte sur cette gestion ; motifs que celui-ci A le droit d'entendre.

Dans l'Assemblée des actionnaires, les choses ne se passent pas autrement. Là, le Raisonnier et le Gérant sont comme les deux moyens d'une *raison* dont la masse des actionnaires et l'actionnaire isolé seraient les deux extrêmes. Chaque actionnaire est lié avec le Gérant de la même manière que le Gérant est lié avec le Raisonnier. Par la publication du bilan, le Raisonnier rend compte à la masse des actionnaires représentant l'Opinion publique.

SECONDE PARTIE.

—

GLOSE.

—•◦•—

1.

L'institution actuelle est l'institution primitive arrivée au *Summum* de la désorganisation.

2.

La formule DOIT—AVOIR est la mutilation satanique de la formule D'A=A.

3.

L'institution actuelle est à l'institution primitive, ce que la formule DOIT—AVOIR est à la formule D'A=A.

4.

La formule DOIT—AVOIR, est la comptabilité en partie double ou le dualisme; la formule D'A=A est la comptabilité une et triple ou le catholicisme.

5.

Enseigner la comptabilité en partie double, c'est continuer l'œuvre de Satan; enseigner la comptabilité une et triple, c'est continuer l'œuvre de Dieu.

6.

Ramener la formule DOIT—AVOIR à la formule D'A=A, c'est ramener l'institution actuelle à l'institution primitive.

7.

Dans l'institution primitive, la formule D'A=A régnait et gouvernait ; mais tout le monde savait *qui elle était.* Dans l'institution actuelle , c'est la formule DOIT—AVOIR qui règne et gouverne ; mais sans que personne en ait conscience ; sans que personne sache *qui elle est.*

8.

Il n'y a point de milieu entre la formule DOIT—AVOIR et la formule D'A=A. On ne peut entrer dans l'une qu'en sortant de l'autre.

9.

L'homme, par le seul fait de sa désobéissance à Dieu, a été précipité de la formule D'A=A dans la formule DOIT— AVOIR.

10.

La formule D'A=A est l'idéal que, depuis la chute, l'humanité a rêvé sous les noms de Logos , d'Organum , de Mathèse, de Quaternaire, de Pierre philosophale, de Grandœuvre, etc.

11.

L'unité prédite par les apôtres et annoncée par De Maistre, c'est le retour à la domination de la formule D'A=A.

12.

La tradition universelle parle d'une science perdue. Elle dit : « L'homme s'est égaré en allant de 4 (nombre du centre) « à 9 (nombre de la circonférence). Il retrouvera la voie « droite en allant de 9 à 4 ». Cette science perdue, c'est la comptabilité une et triple ; c'est la formule D'A=A.

13.

M. Guizot veut opposer un *point d'arrêt* au protestantisme. Il n'y a pas d'autre *point d'arrêt* que la formule D'A=A. Le protestantisme, c'est le libre examen ; et ce n'est que *ration-nellement* qu'on peut comprimer le libre examen. Or, pour cela il faut avoir la formule de la **RAISON**.

14.

La formule **D'A=A** est la balance de Dieu ; la formule **DOIT — AVOIR** est la balançoire de Satan.

15.

La formule **A=A** de la philosophie allemande n'a point de synthèse. Elle donne l'équilibre ; elle ne donne pas le mouvement. C'est la formule de la mort.

La formule **D'A=A** a pour synthèse l'esprit humain lui-même. Elle donne à la fois l'équilibre et le mouvement. C'est la formule de la vie.

La formule **A=A** est identique à la formule **DOIT—AVOIR** que l'on entend toujours comme si on l'exprimait ainsi : **DOIT=AVOIR**.

16.

La différence universellement admise entre la forme de société et la forme de gouvernement est entièrement chimérique.

17.

L'immense difficulté du problème constitutionnel venait de ce qu'il fallait maintenir, à la fois, la hiérarchie et l'égalité. Dans l'institution primitive, les deux fonctionnaires nécessaires sont égaux puisqu'ils ont chacun le même droit et le même devoir. Seulement l'un, le Gérant, ne peut exercer son droit qu'après avoir rempli son devoir ; l'autre, le Raisonnier, ne peut remplir son devoir qu'après avoir exercé son droit.

18.

Avec la formule **DOIT — AVOIR** *On peut tenir l'une et l'autre conduite ;* on peut prouver le vrai et le faux par des *raisons* équipollentes. Avec la formule **D'A=A**, on ne peut prouver que le vrai.

19.

La formule DOIT—AVOIR n'a point de synthèse, et conséquemment ni primitif ni ultérieur, ni avant ni après. On peut *ad libitum* mettre l'*avoir* à droite et le *doit* à gauche ; ou l'*avoir* à gauche et le *doit* à droite. C'est une balance à deux plateaux sans peseur.

20.

Le R. P. Gratry, de l'Oratoire de l'Immaculée Conception, nous annonce un *Procédé infinitésimal* au moyen duquel il résoudra le problème de la démonstration. Il n'y a pas d'autre procédé infinitésimal que la formule D'A=A. Le problème de la démonstration, c'est l'antagonisme de la parole et de l'écriture ; et cet antagonisme, de même que tous les autres, est enserré dans l'antagonisme absolu du devoir et de l'avoir.

21.

Le problème du Pape et de l'Empereur qui a tant troublé le moyen âge se pose, de jour en jour, d'une manière plus redoutable. Ce problème n'est pas autre chose que l'antagonisme de l'action et du contrôle. Il sera résolu, en substituant dans le compte-courant absolu, aux mots *Raisonnier* et *Gérant,* les mots *Pape* et *Empereur.*

22.

La différence universellement admise entre l'Église et l'État est entièrement chimérique.

23.

On dit que le Rationalisme désespérant de fonder l'autonomie de la philosophie, ne tardera pas à se réfugier dans la négation universelle, et que sur ce terrain, il est inexpugnable. D'abord, ce qu'on appelle *rationalisme* n'est et ne peut pas être autre chose que le Dualisme. Ensuite, rien n'est plus simple que de se débarrasser de la négation universelle. Est-ce que la formule D'A=A qui résoud l'antagonisme absolu ne résoud pas aussi l'antagonisme de la négation et de l'affirmation? L'affirmation, c'est l'avoir, la croyance, le crédit ; la négation, c'est le devoir, le doute, le débit.

24.

La fameuse loi du devoir est entièrement chimérique.

25.

La comptabilité est la confession universelle que les réformateurs de tous les lieux et de tous les temps, ont si vainement cherchée.

26.

La formule D'A$=$A est le soleil de l'intelligence.

27.

La formule D'A$=$A est la formule vivante.

28.

La formule D'A$=$A est sacramentelle. Aucune autre ne peut lui être substituée.

29.

Le fait qui, selon les prophéties, doit se produire dans le monde au moment même où le Souverain Pontife définira le dogme de l'Immaculée Conception, c'est le retour à l'institution primitive.

30.

L'identité du catholicisme et de la comptabilité est au dessus de tout conteste. Pour s'en convaincre, il suffit de méditer un instant sur ces magnifiques paroles de l'Oraison dominicale :

« Et dimitte nobis **debita** nostra sicut et nos dimittimus « **debitoribus** nostris. »

31.

La maxime fondamentale des Raisonniers est d'une irréprochable orthodoxie :

« Il n'y a qu'UN compte : celui qu'on ouvre à soi-même ;
« et c'est sur ce compte qu'il faut calquer celui qu'on ouvre
« à autrui. »

32.

L'Évangile, c'est la doctrine du verbe exotériquement
expliquée; la Comptabilité, c'est la doctrine du verbe
expliquée esotériquement.

33.

L'enseignement de l'Église n'a été jusqu'ici qu'exotérique; et
il ne pouvait en être autrement puisque le problème de la
science n'avait pas été résolu. Par le seul fait de cette solution,
nous rentrons dans l'*Ère de l'intuition;* nous passons du
sens vulgaire au sens profond de la parole divine, de l'exotérique à l'ésotérique.

34.

Il n'y a pas plus de question d'Orient que de question
d'Occident. Il y a l'antagonisme de l'Orient et de l'Occident ;
voilà tout. Or, cet antagonisme rentre dans l'antagonisme
absolu que résout la formule vivante.

35.

Les immenses tueries auxquelles nous assistons et qui font
frissonner l'humanité dans tous ses membres, Pie IX *seul*
peut les faire finir par un mot fulminé du haut du Vatican.
Ce mot, le voici :

Que le COMPTE succède au COMBAT !

Qui répliquera? Personne. Pourquoi ? Parce que cela est
impossible. L'homme, tout dégradé qu'il est, n'a pas encore
perdu entièrement le respect qu'il portait autrefois à la parole
créatrice.

36.

Opposer la foi à la raison, c'est une platitude. L'extrême
de la foi, c'est le doute ; comme l'extrême du crédit, c'est le
débit.

37.

La logique, c'est l'art de raisonner sans savoir ce que c'est que la raison.

38.

Il n'y a pas d'autre **ver rongeur** que l'enseignement actuel de la comptabilité.

39.

Il n'y a qu'une pétition de principe, par la raison très-simple qu'il n'y a qu'un Dieu. Elle consiste à parler des choses qu'on ne connait pas comme si on les connaissait. Les maximes réputées les plus belles, les plus sublimes, sont toutes, sans exception, entachées de la pétition de principe. Par exemple, on a dit emphatiquement : « il n'y a point de droit contre le droit. » C'est ronflant sans doute ; mais qu'est-ce, s'il vous plaît, que le droit ?

40.

A la lumière de la formule $D'A = A$ tous les problèmes qui, de nos jours, préoccupent si vivement les esprits, se dissipent comme de vains fantômes. En effet, ils ne sont et ne peuvent être que des points de vue divers d'un seul et même problème : le problème de la comptabilité.

Prenons pour exemple le fameux problème de l'organisation du travail et ramenons-le à l'antagonisme absolu du devoir et de l'avoir :

L'organisation du travail, c'est l'organisation des travailleurs ;

L'organisation des travailleurs, c'est l'organisation du travailleur ;

L'organisation du travailleur, c'est l'organisation de l'homme ;

L'organisation de l'homme, c'est l'organisation de la science ;

La science, c'est la comptabilité ;

La comptabilité, c'est la RAISON ;

La RAISON, c'est $D'A = A$.

41.

La *Gazette de France* demande à cor et à cri le rétablissement des corporations. C'est, en d'autres termes, demander l'organisation du travail.

Il n'y a qu'une corporation à rétablir : c'est celle des Raisonniers. Tant qu'elle ne sera pas rétablie, aucune autre ne le sera ; quand elle sera rétablie, toutes les autres le seront *ipso facto*.

42.

En dehors de l'institution primitive, rien de plus puéril que de rêver le retour de l'ordre. Pour rétablir l'ordre, il faut d'abord avoir la notion de l'ordre. Or, toutes les notions, sans exception, ne sont que des points de vue divers d'une seule et même notion : la notion de comptabilité. Rétablir l'ordre, c'est donc rétablir la comptabilité.

43.

M. Guizot vient de dire à l'académie des sciences morales et politiques qu'*il n'appartient pas certainement à la science de réformer les mœurs des peuples.*

Sera-ce la religion qui les réformera ? Mais la science et la religion sont identiques à la comptabilité ; et la comptabilité, c'est la formule vivante, c'est Dieu lui-même. La formule vivante passionne, actionne, et à la fois passionne et actionne l'homme qui tourne les yeux vers elle et cherche de bonne foi à s'éclairer. On a répété sur tous les tons que les lois influent sur les mœurs et les mœurs sur les lois. Cela n'est plus de mise aujourd'hui. Le règne *des* lois est passé ; le règne de *la* loi commence. La formule vivante est la loi des lois comme elle est le dogme des dogmes. Le soleil du jour où la force des choses obligera à la proclamer ne tardera pas à se lever, et alors nous verrons si on ne l'appellera pas aussi : *La Réforme.*

FIN.

www.ingramcontent.com/pod-product-compliance
Lightning Source LLC
Chambersburg PA
CBHW061810040426

42447CB00011B/2581